Trouve **LES MÊMES** Couleurs

Pouce vers le haut ou pouce vers le bas ?

OU

OU

Nous voulons cuisiner. Si c'est bien… lève le pouce ! Sinon… pouce vers le bas !

OU   OU

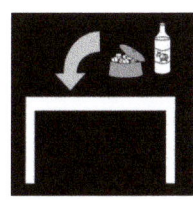 Nous voulons cuisiner. Que devons-nous apporter ? Pouce vers le haut… ou pouce vers le bas !

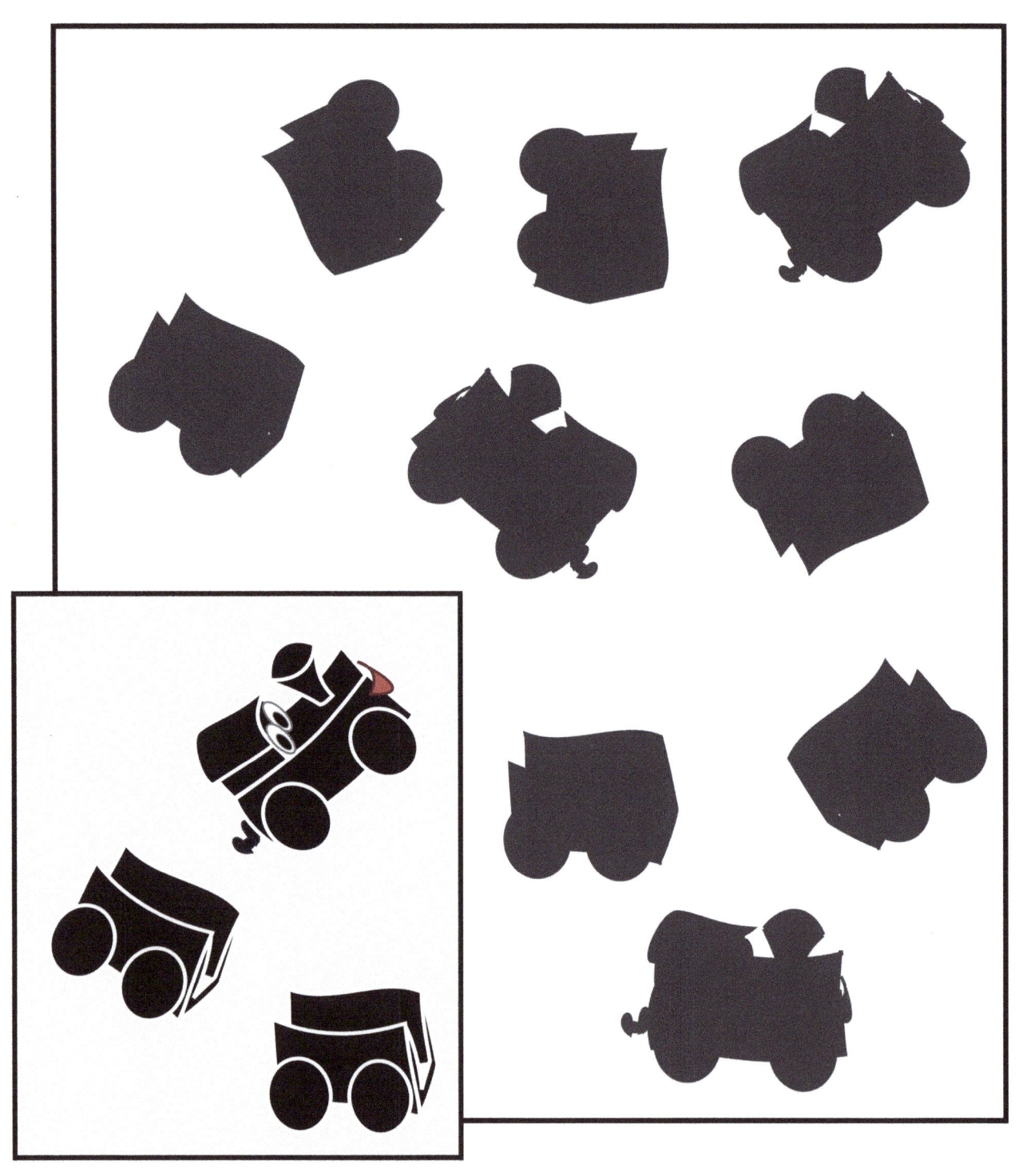

Trouve **LES 3** Mêmes

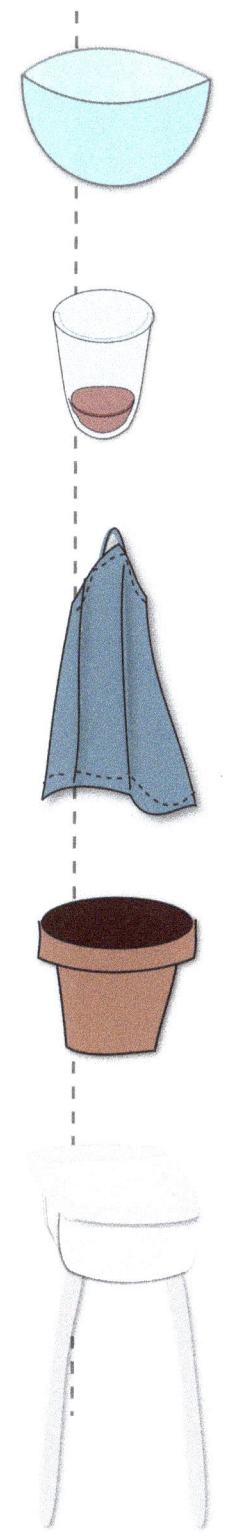

 Qu'est-ce qui va ensemble ? Pourquoi on en a besoin ?

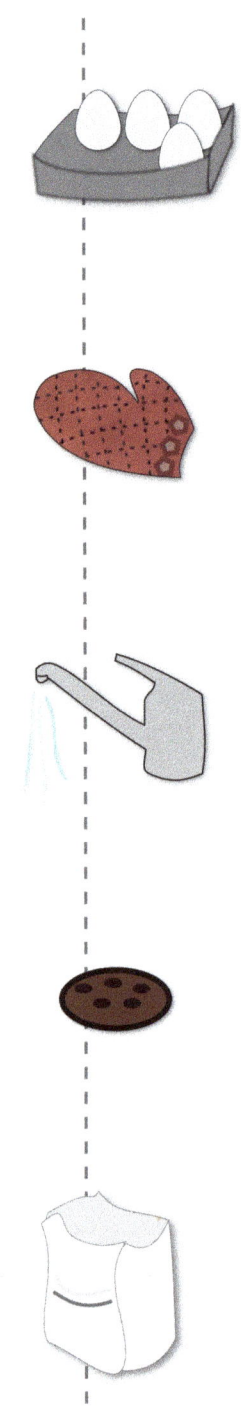

 Qu'est-ce qui va ensemble ? Pourquoi on en a besoin ?

Super-A veut cuisiner. Trouve ce dont elle a besoin !

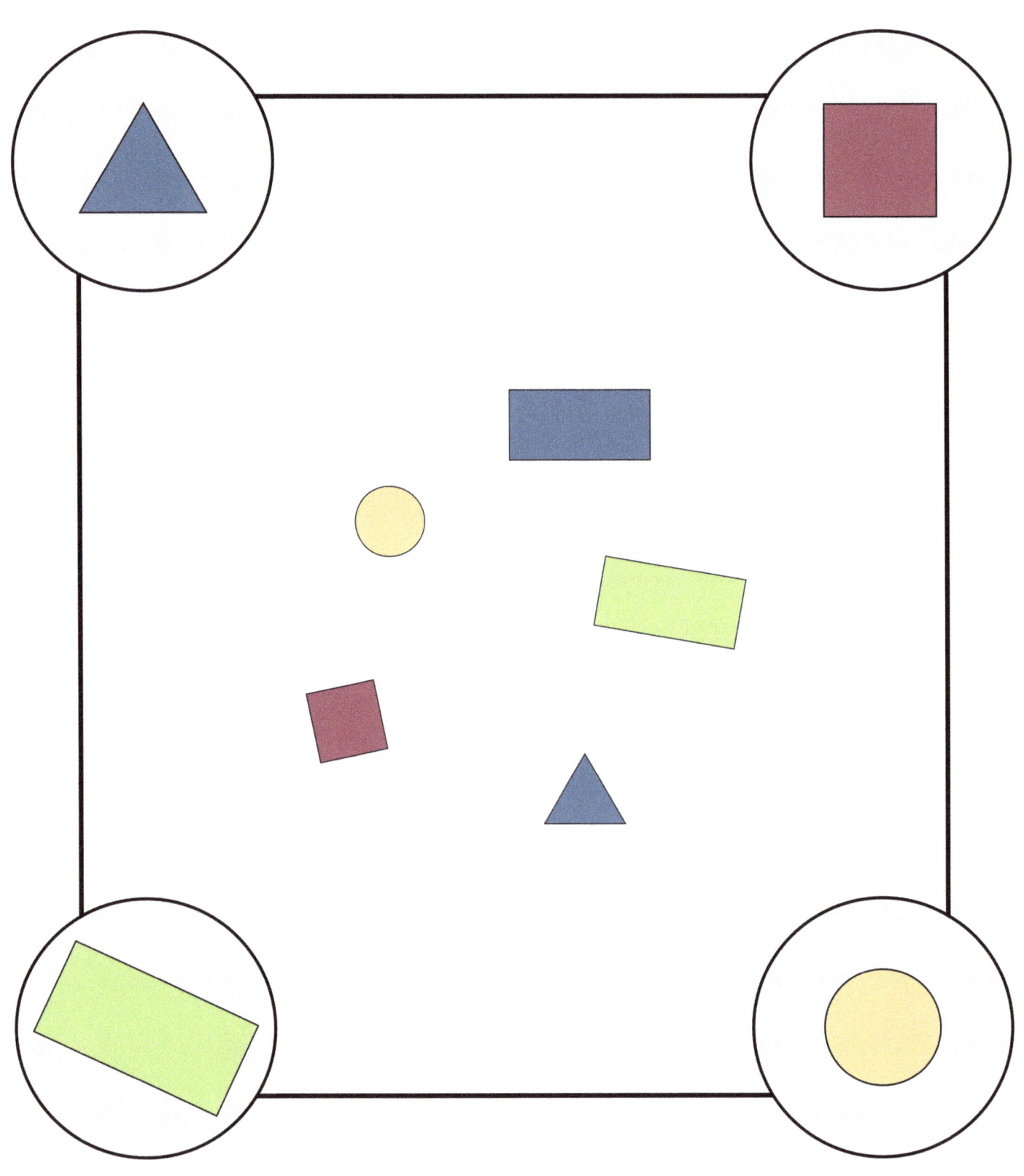

Trouve **LES 4** Mêmes

Qu'est-ce qu'Adrien, le Petit Frère et leur Maman aiment ?
Aiment-ils les mêmes choses ou des choses différentes ?

Qu'est-ce qu'Adrien, le Petit Frère et leur Maman aiment ?
Aiment-ils les mêmes choses ou des choses différentes ?

Qu'est-ce qu'Adrien, Super-A et leur Maman aiment ?
Ont-ils les mêmes avis ou des avis différents sur les choses ?

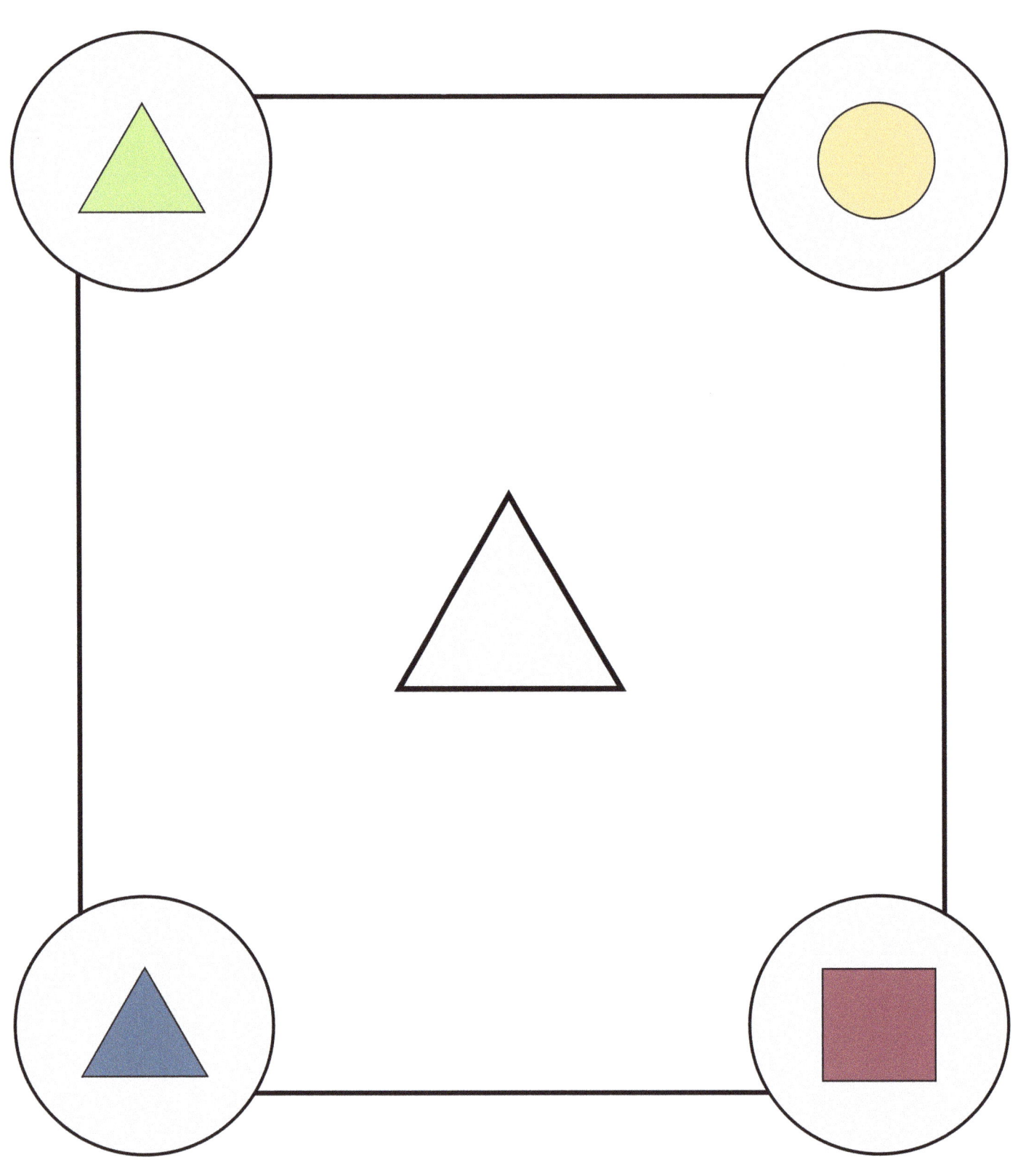

Trouve **LES 2** Mêmes

■ ■ Il est l'heure de manger ! Qui aime la bouteille ?
Combien de bouteilles doivent-ils préparer ?

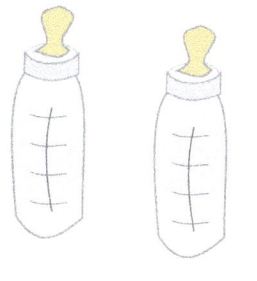  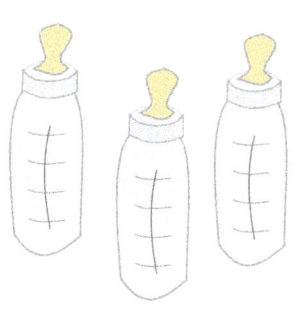

Ils n'ont pas tous soif. Qui voudrait boire ?
Combien de verres faudrait-il ?

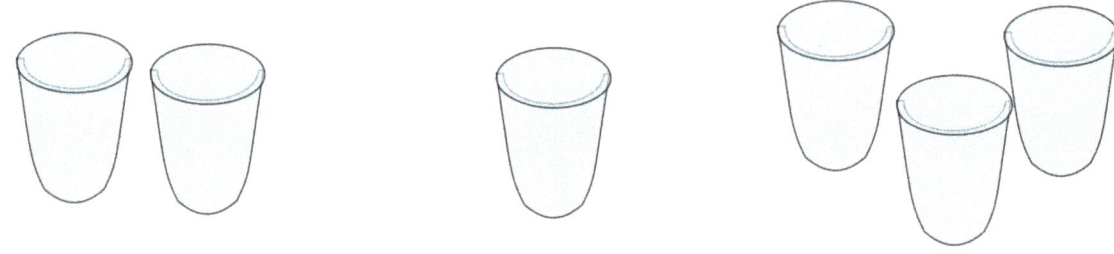

C'est l'heure des biscuits ! Qui voudrait un biscuit ?
De combien de biscuits ont-ils besoin aujourd'hui ?

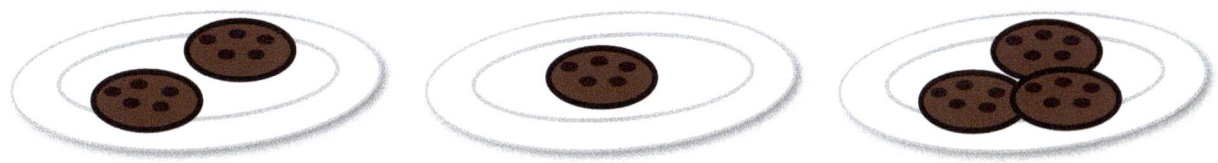

Trouve 5 BL●CS Pour construire

D'ABORD   ENSUITE

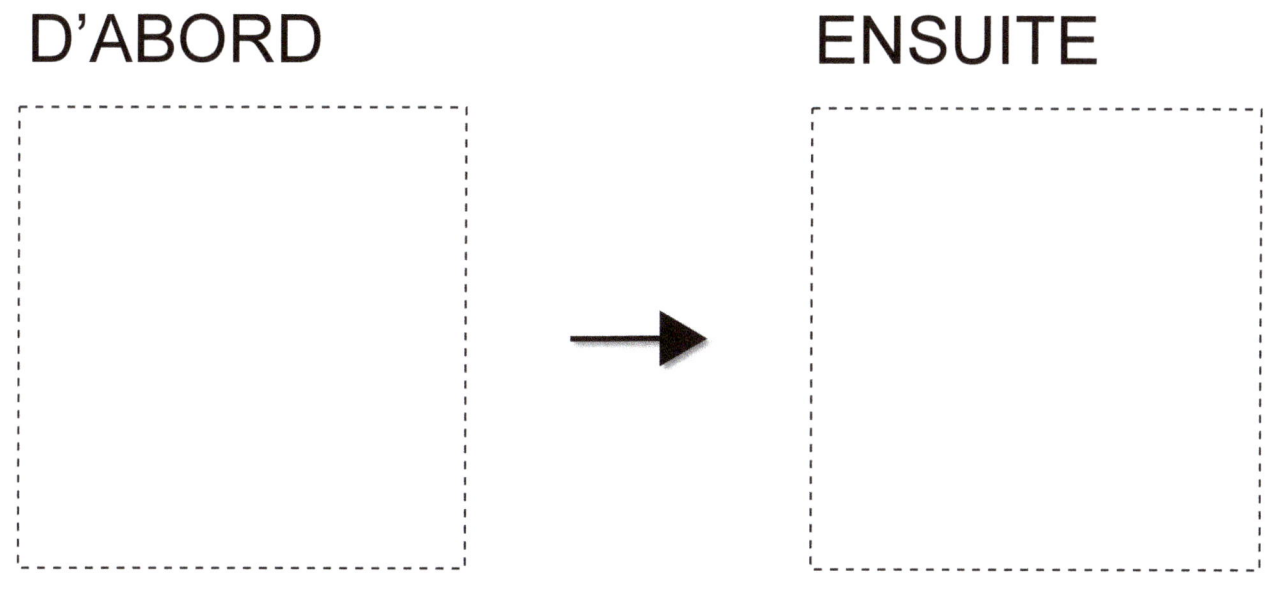

▪ On... se lave les mains... on bat les œufs... on cuisine... on boit...
On mange des biscuits... on dessine. Que fait-on d'abord ?

Viens jouer au jeu de mémoire ! Découpe les cartes.
Mets chaque nouvelle paire dans l'ordre :

« D'ABORD − ENSUITE »

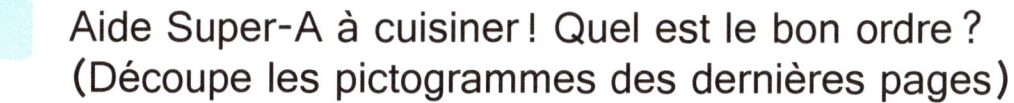

▪ Aide Super-A à cuisiner ! Quel est le bon ordre ?
(Découpe les pictogrammes des dernières pages)

Selon toi – qui aime les biscuits ? Place nos amis en dessous du smiley heureux ou triste ! (Utilisez Adrien, Super-A et les autres de la page suivante)

Images à découper pour les exercices. Ajoutez vos propres photos !
Au-dessus : Mettiez les image dans l'ordre.
En dessous : Qui aime ça ? Posez un cercle sur les biscuits à la page précédente.
Si vous aimez les œufs ou le savon : expliquez pourquoi !

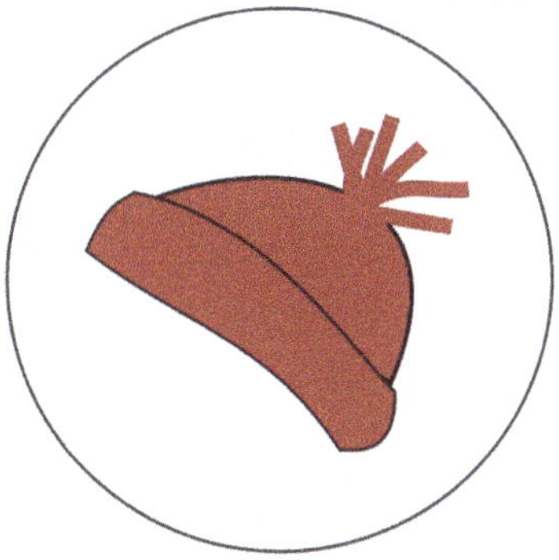

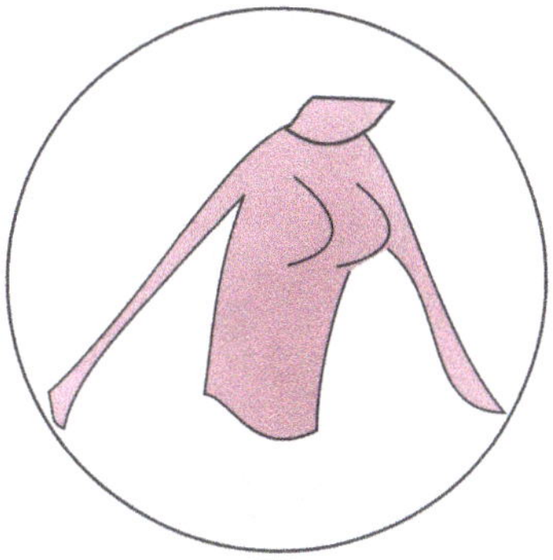

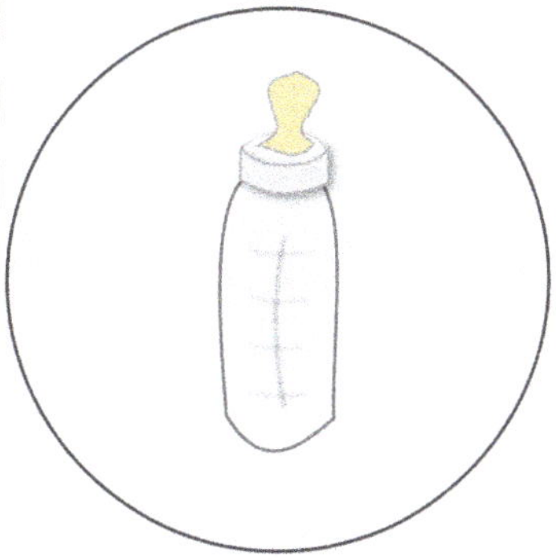

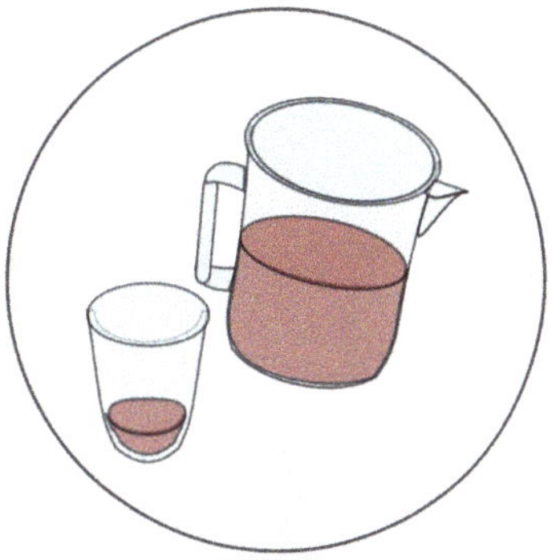

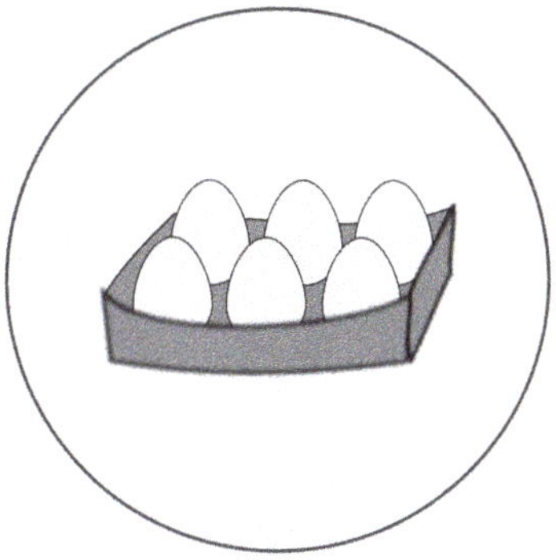

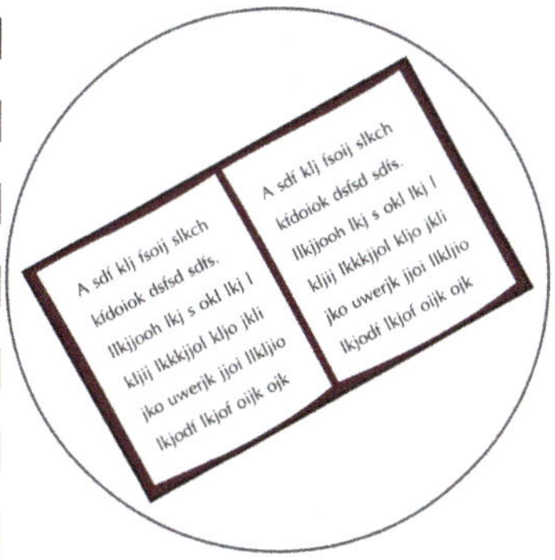

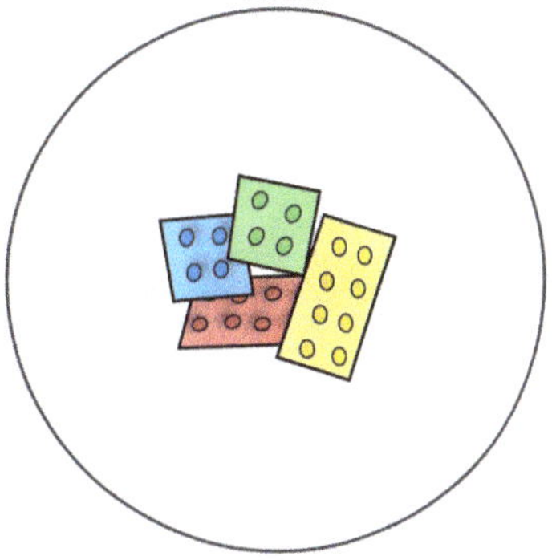

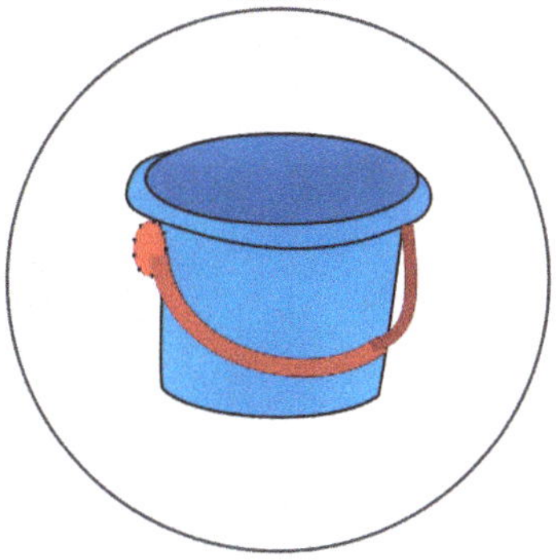

| Savon | Sucre | Noix de coco râpée | Biscuits : Macaron à la noix de coco | iPad |

Découvrez plus de leçons de vie ! D'autres cahiers d'exercices sont disponibles avec le premier livre de « Adrien et Super-A » !

LES PETITS NOUVEAUX Cuisiner & aimer avec Adrien et Super-A :
Leçons de vie pour enfants avec autisme ou TDAH
LES PETITS NOUVEAUX 1 © Jessica Jensen et Be My Rails Publishing 2015
Tous droits réservés. Veuillez noter que les professeurs ne sont pas autorisés à reproduire les cahiers d'exercice. Conditions d'utilisation : a) Les pages destinées à être découpées peuvent être reproduites. b) Toutes les pages peuvent être plastifiées et réutilisées par le même étudiant : limité à un étudiant par cahier acheté.
Traduction en français : Thomas Mahieu
Pictogrammes : www.sclera.be
ISBN 978-91-982414-4-0
Be My Rails Publishing
www.BeMyRails.com

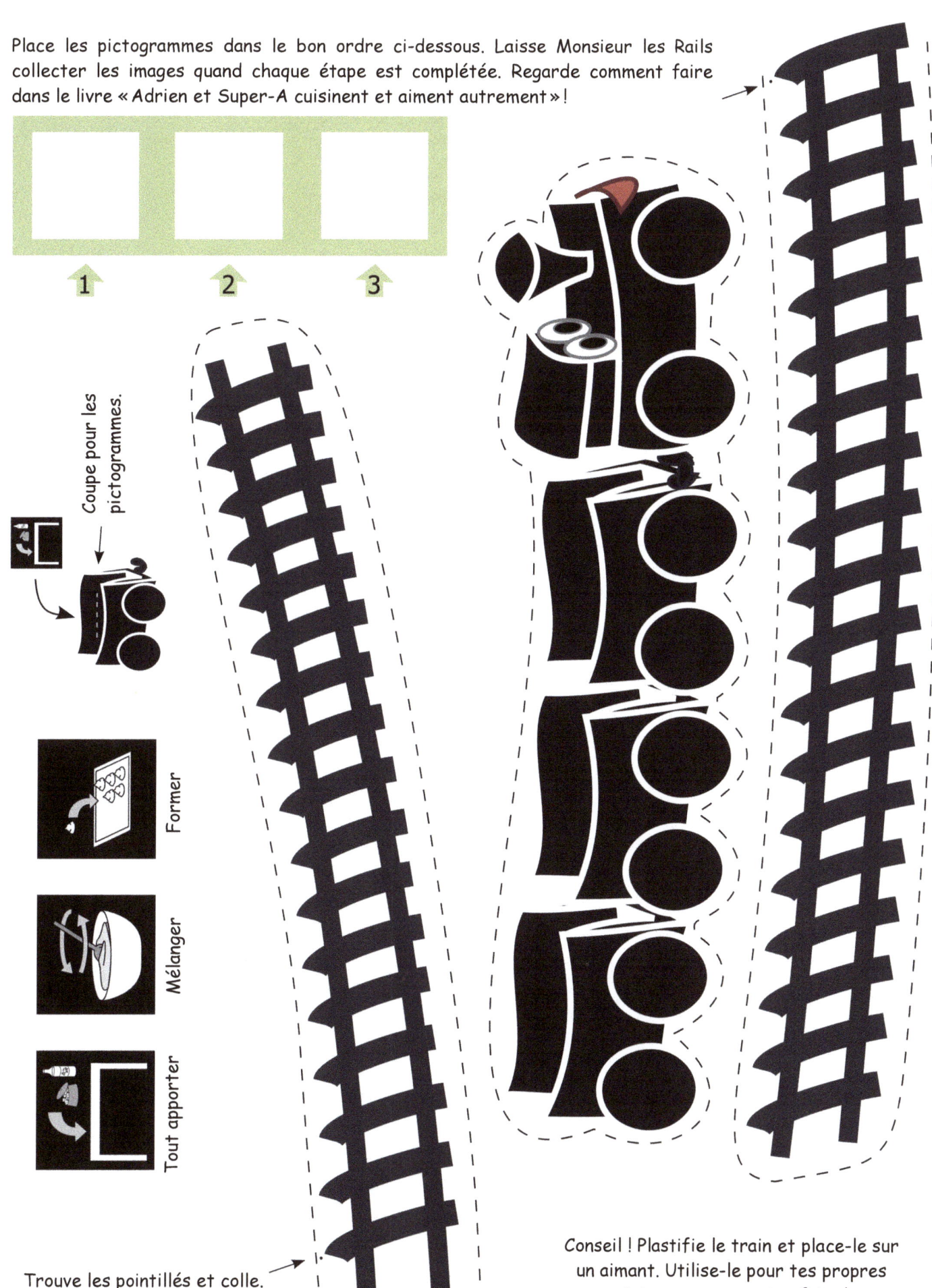